带孩子长见识的100个地方

李东玲 编著

北方妇女儿童出版社

·长春·

图书在版编目（CIP）数据

带孩子长见识的 100 个地方 / 李东玲编著 . -- 长春 : 北方妇女儿童出版社 , 2025. 6. -- ISBN 978-7-5585-9446-5

Ⅰ. K917-49

中国国家版本馆 CIP 数据核字第 2025RU0464 号

带孩子长见识的 100 个地方

DAI HAIZI ZHANG JIANSHI DE 100 GE DIFANG

出 版 人　师晓晖
责任编辑　魏士昌
装帧设计　超美文化
插图绘画　鸣博文化
开　　本　787 mm × 1092 mm　1/16
印　　张　4
字　　数　50 千字
版　　次　2025 年 6 月第 1 版
印　　次　2025 年 6 月第 1 次印刷
印　　刷　三河市双升印务有限公司
出　　版　北方妇女儿童出版社
发　　行　北方妇女儿童出版社
地　　址　长春市福祉大路 5788 号
电　　话　总编办：0431-81629600

定　　价　49.80 元

前言

亲爱的读者朋友们，这是一本专为你们准备的科普书，将带你们走遍中国的各省、自治区和直辖市，探寻那些令人惊叹的风景名胜，了解丰富多彩的文化。

本书将以独特的视角带你们去往不同的地方，了解那里的历史、文化和自然景观。无论是雄伟的山川、古老的城镇，还是独特的民族风情，都会在本书中生动地展现出来。

中国是一个幅员辽阔、历史悠久的国家，拥有无数的自然奇观和文化遗产。从北方的冰雪世界到南方的热带雨林，从东部的繁华都市到西部的广袤高原，每一个地方都有它独特的故事和魅力。在本书中，你们将有机会“亲临”这些地方，感受它们的美丽与神奇。比如，你们可以漫步在云南的丽江古城，欣赏那些用瓦片和木头建造的古老房屋；或者登上贵州的黄果树大瀑布，感受那汹涌的水势和壮丽的景色。

本书不仅是一次视觉的盛宴，更是一次知识的积累。书中精心挑选了各地的代表性景点，通过生动的手绘图和简洁的文字，向你们介绍这些地方的历史背景、文化特色和自然景观。

本书不仅适合小朋友们独立阅读，也非常适合家长和孩子共读。在阅读的过程中，家长可以和孩子一起讨论书中的内容，分享彼此的见解和感受。这不仅能增进亲子关系，还能激发孩子探索世界的兴趣。

希望通过本书，你们能够更加了解我们伟大的祖国，感受它的美丽与神奇。无论是自然风光，还是历史文化，本书都能满足你们的好奇心与求知欲，带给你们无尽的乐趣和启发。

现在，就让我们一起翻开本书，开始奇妙的旅程吧！愿你们在阅读的过程中收获知识、感受快乐，对祖国大好河山充满热爱。

祝你们阅读愉快！

目录

孩子的成长是一幅徐徐展开的画卷

和孩子的每个时刻都是时光的印记

父母的陪伴是孩子心灵深处的灯塔

在岁月的长河中，这份光亮越发璀璨

一本记录着父母与孩子脚步的旅行日志，在名胜古迹间，寻找历史的回响，在山川湖海中，感受自然的力量！

颐和园

颐和园是一座美丽的皇家园林。园内有许多著名的景点，如昆明湖和万寿山。在颐和园里，你可以看到很多精美的园林和建筑。

游学贴士 颐和园位于北京西郊，属温带季风性气候，四季分明。园内湖光山色，地势起伏，万寿山、昆明湖相映成趣，是领略中国古典园林艺术的绝佳之地。

天坛

北京的天坛是一座古老的建筑，也是中国历史文化的重要遗产之一。它建于明朝时期，是中国古代皇帝祭天、祈谷和祈雨的场所。

景点贴士 明清帝王在北京的主要祭祀场所包括天坛、地坛、日坛、月坛和先农坛。

天安门广场

天安门位于我国首都北京市的中心，它是世界上面积最大的城市广场。天安门曾是进入紫禁城的大门，1949 年，毛泽东主席在天安门城楼上向全世界宣告中华人民共和国成立。广场北侧是雄伟壮观的天安门城楼，中央矗立着人民英雄纪念碑，这里每年都会举行隆重的国庆庆典等重要活动。

人民大会堂

出行提示 参观天安门广场要遵守安检规定，勿携带危险物品。穿着整洁，不得穿背心、拖鞋。

故宫

到北京，必须先去参观故宫。故宫旧称“紫禁城”，是明清两代的皇宫。故宫不仅是我国现存规模最大的古建筑群，也是世界上现存规模最大、保存最为完整的木质结构古建筑群之一。无论是对于历史文化爱好者还是普通游客来说，故宫都是一处不可多得的旅游胜地。

清乾隆金嵌宝金瓯永固杯

陶彩绘女舞俑

中华瓷王

游学贴士 来北京旅游，别忘了品尝特色美食——北京烤鸭，其皮脆肉嫩，香气四溢。此外，还有老北京炸酱面，其酱香浓郁，面条筋道，是京城有代表性的特色食物之一。

八达岭长城

人们常说“不到长城非好汉”，因此到了北京，长城是一个必须打卡的地方。

八达岭长城位于北京延庆区军都山关沟古道北口。八达岭因为“出居庸关，北往延庆州，西往宣镇，路从此分”而得名。八达岭地处要冲，山势险要，关隘易守难攻。城墙和关城都是用条石堆砌而成的，历经千百年的风吹雨打，依然牢固如初。

景点贴士 八达岭长城是明长城的重要组成部分，地势险要，历来是兵家必争之地，有“一夫当关，万夫莫开”之誉，是游览长城的绝佳地点。

烽火台

城墙

“天津之眼”摩天轮

“天津之眼”摩天轮又称天津永乐桥摩天轮，是一座建在桥上的摩天轮。它直径有 110 米，上面有 48 个透明座舱，每个座舱可坐 8 个人，一次可以供 384 人观光。

出行提示 在“天津之眼”摩天轮上可以俯瞰城市美景。晚上别忘了逛意式风情街，品尝地道小吃，享受亲子时光。

津门故里

津门故里是一条古文化街，位于天津市南开区东门外，作为天津十景之一，这条古街秉持着“中国味，天津味，文化味，古味”的经营特色，以经营文化用品为主。听相声、吃狗不理包子、买泥人张彩塑、看天宫，在这里让人品味老天津的乐趣。

景点贴士 建议春秋季来天津旅游，这时气候宜人。可参观五大道感受异国风情。

白洋淀

白洋淀风景区位于雄安新区境内，是华北地区最大的淡水湖泊，总面积366平方千米。白洋淀风景秀丽，物产丰富，素有“四季皆秋”的美誉，意思是这里四季物产都很丰富，所以又有“北国江南”之称。

景点贴士　白洋淀在抗日战争时期曾是重要战场，游击队利用芦苇荡密布的地形，对日军进行了多次袭击和阻击，成功地牵制了日军。

承德避暑山庄

承德避暑山庄是一个非常漂亮的地方，位于河北省承德市。它于1703年开始建造，整个景区分为两个部分：一个是宫殿区，另一个是苑景区。承德避暑山庄保持了中国古典园林的传统风格。

游学贴士　承德避暑山庄背靠燕山余脉，南接平原，地势北高南低，海拔较高，空气清新，属温带大陆性季风山地气候，四季分明。

趵突泉

趵突泉位于山东省济南市，被誉为“天下第一泉”。趵突泉东西长约30米，南北宽约20米，略呈方形，周围有石栏围挡。在泉池中有三个泉眼，它们像三个小精灵一样，不停地往上喷水，水花四溅，泉水清澈见底，碧绿透亮。

游学贴士 趵突泉边，“趵突泉”碑由明代著名书法家胡缵宗题写，笔法古朴苍劲；“第一泉”碑由清代济南文人王钟霖所题，彰显趵突泉在泉群中的卓越地位。

泰山风景区

泰山位于山东省泰安市，被誉为“五岳之首”，又有“五岳独尊”之称。自秦始皇以来，历朝皇帝都有泰山封禅祭祀的传统。文人墨客在这里吟咏题刻，留下大量珍贵的文物。

景点贴士 泰山巍峨挺拔，兼具深厚的历史文化底蕴，自古以来便是帝王封禅祭祀之地，被誉为“天下第一山”，因此成为五岳之首。

老虎滩海洋公园

大连老虎滩海洋公园位于大连南部海滨，占地面积118万平方米，是一个现代化的海洋主题公园。这里有曲折的海岸线，长达4000多米。在这里，你可以了解海洋文化，体验城市特色，享受观光、娱乐、科普、购物和文化活动。

游学贴士 游览大连老虎滩海洋公园，建议选择夏季出行，公园附近有星海公园、大连现代博物馆、白玉山景区等景点，可一并规划行程。

沈阳故宫

沈阳故宫，又称盛京皇宫，是一座位于辽宁省沈阳市的宫殿建筑群。它曾是清朝初期的皇宫，是中国仅存的两大皇家宫殿建筑群之一。

游学贴士 沈阳故宫依照满族、蒙古族和汉族的建筑风格修建，融合三族文化精髓，所以这里的建筑风格兼具了三个民族建筑的精华。

"九·一八"历史博物馆

"九·一八"历史博物馆位于辽宁省沈阳市。它是世界上全面反映九一八事变历史的博物馆。如今，它已成为国家级爱国主义教育基地。这座博物馆共设有7个展厅，展览照片800余幅，实物300余件。如果你来到这里，可以了解那段历史，学习爱国主义精神。

出行提示 参观"九·一八"历史博物馆，建议周二至周日 9:00—17:00（夏季）或 9:00—16:30（冬季）前往，周一闭馆。参观后，可游览附近的沈阳故宫、太清宫等景点。

长白山景区

长白山景区位于吉林省延边朝鲜自治州安图县二道白河镇池北区东南部，区域面积达 52.42 平方千米。长白山是中国的十大名山之一。长白山主峰因白色浮岩与积雪被誉为"千年积雪万年松，直上人间第一峰"。这里的景色绝美，有"神山、圣水、奇林、仙果"等美誉。

游学贴士 长白山是中国东北地区著名的山脉，这里的气候特点为冬季漫长寒冷，夏季短暂凉爽，春季多风，秋季多雾。来这里旅游可体验"一山有四季，十里不同天"的自然景观。

查干湖

查干湖是一片美丽的湖泊，位于吉林省西北部。它的原名是查干泡，而蒙古语中的名字叫作“查干淖尔”，意思是白色、圣洁的湖泊。它位于嫩江和霍林河的交汇处，是一个堰塞湖。

景点贴士　查干湖冬捕是当地的传统渔业生产方式，也是一项国家级非物质文化遗产。每年 12 月中旬至过年前是观赏冬捕的最佳时期。

伪满皇宫博物院

伪满皇宫博物院是在溥仪伪满洲宫廷旧址上建立的，它位于长春市。这个博物院有很多珍贵的藏品，比如伪满时期的宫廷文物和日本近现代文物，其中不乏精美的书画和雕刻作品。小朋友在这里会看到很多书本上看不到的东西。

游学贴士　这里的建筑融合了中西风格，既有中国传统的四合院，又融入了欧洲巴洛克式建筑元素。

哈尔滨中央大街

中央大街是哈尔滨市一条非常繁华的步行街。这条街道建成于1900年，有71栋建筑，每栋建筑都是不同的风格，其中包括文艺复兴和巴洛克风格等的建筑。这些建筑物不仅构成了哈尔滨独特的建筑文化，也展示了哈尔滨人的欧式生活，因此中央大街被誉为亚洲第一街。

出行提示 哈尔滨中央大街是著名的步行街，建议夏季或冬季前往，体验俄式风情建筑和冰雕艺术。在步行街街道两旁，可品尝马迭尔冰棍和红肠，购买俄罗斯套娃。附近有圣索菲亚教堂、松花江畔和兆麟公园，适合安排一日游。

镜泊湖风景区

在黑龙江省的牡丹江市宁安市有一个美丽的镜泊湖，围绕着这个湖泊形成了一个美丽的风景区。镜泊湖是中国最大和世界第二大的高山堰塞湖。湖周围有很多美景，如果你去了镜泊湖，一定会被它的美景所吸引！

美食特产 镜泊湖风景区特产丰富，来此必尝湖鱼美味，鲜嫩可口。特产有野生蜂蜜、山珍干货，可带回家中品味自然之馈。

呼伦贝尔草原

呼伦贝尔草原位于中国内蒙古自治区东北部，是世界著名三大草原之一，被誉为“最纯净的草原”，也被誉为世界上最好的草原。

游学贴士 呼伦贝尔草原属于温带大陆性气候，地势东高西低，以高平原和低山丘陵为主。这里四季分明，冬季寒冷干燥。在游学时，可体验呼伦贝尔草原的自然风光和独特的游牧文化。

响沙湾

响沙湾位于中国著名的库布其沙漠的最东端，这里蓝天白云，沙滩辽阔，宛如一个美丽的沙漠王国。响沙湾以其独特的自然风光和丰富的游乐设施，吸引了众多游客前来游玩。

景点贴士 响沙湾被誉为“响沙之王”，是中国各响沙之首。当沙子干燥时，游客可攀着软梯或乘坐缆车登上沙丘顶，往下滑时，沙丘重则会发出轰隆声，轻则如青蛙“呱呱”的叫声。

云冈石窟

云冈石窟位于山西省大同市，是一座历史悠久的艺术宝库。这些石窟是沿着武周山开凿的，整个石窟群共有 5.1 万多尊佛像，其中最小的只有 2 厘米，最大的高达 17 米。

游学贴士 云冈石窟始建于北魏文成帝和平元年（460 年），由北魏皇室主持修建，历时约 60 年完成，展现了公元 5 世纪中国石刻艺术的巅峰。

五台山

五台山是中国著名的佛教圣地。这里山峰巍峨，云雾缭绕，景色非常美丽。在五台山上有很多古老的寺庙，这些古老的建筑非常宏伟壮观，是中国古代建筑艺术的重要代表之一。

景点贴士 四大佛教名山分别是山西五台山、浙江普陀山、四川峨眉山、安徽九华山，其中五台山被誉为中国佛教第一圣地。

平遥古城

平遥古城有着 2800 多年的历史，是中国保存最完整的四座古城之一。现在看到的平遥古城是在明朝洪武三年（1370 年）进行扩建后的模样，城墙总周长 6163 米。平遥古城是中国唯一以整座古城申报世界文化遗产获得成功的古县城。

特产介绍 平遥古城特产丰富，来此必尝香醇可口的平遥牛肉。特产有精美绝伦的推光漆器、手工剪纸。

壶口瀑布

壶口瀑布位于山西省和陕西省交界处，是我国第二大瀑布，也是世界上最大的黄色瀑布，每秒有 1000 立方米的水倾泻而下，颇为壮观。

景点贴士 壶口瀑布不仅是一个瀑布，还拥有“壶口八大奇观”，包括“旱地行船”“霓虹戏水”“山飞海立”“晴空洒雨”“旱天雷鸣”“冰峰倒挂”和“十里龙槽”等自然现象。

华清宫景区

华清宫是西安著名的旅游景区，位于西安市的骊山北麓。它历史悠久，曾是唐代帝王们的离宫别苑。华清宫的建筑保留了唐代建筑的特色，比如飞霜殿、万寿殿和长生殿。

出行提示 华清宫与兵马俑相毗邻，可一并规划行程。景区内有多个汤池，包括星辰汤、莲花汤、海棠汤等。建议提前在线购买门票，以节省时间。附近景点还有骊山景区，可乘坐索道游览。

兵马俑

兵马俑是中国古代的一项伟大艺术成就。这些兵马俑是秦朝时期的雕塑作品，展示了当时秦国军队的风貌。每个兵马俑都有不同的表情和姿势，栩栩如生如同真人一般，仿佛在讲述发生在自己身上的故事。

游学贴士 秦始皇兵马俑被誉为“世界第八大奇迹”。

华山

华山古称“西岳”，位于渭南市华阴市，是中国著名的五岳之一，素有“奇险天下第一山”之誉。华山以险峻、雄奇著称，是道家文化的发祥地之一，自古以来，华山就是道教的重要修行地，多个道教宫观遗址点缀山间。

特产介绍 华山特产丰富，来此旅游必尝香酥可口的肉夹馍和软糯香甜的甑糕。纪念品方面，华山石刻、皮影精美独特，值得收藏。

龙门石窟

龙门石窟位于河南省洛阳市南部12千米处，石窟依山而凿。这里最初始凿于北魏孝文帝迁都洛阳前，后来又历经东魏、北齐、北周，一直到唐宋时期，前后营造时间长达400余年之久。

游学贴士 景区内最大石佛为卢舍那大佛，高达约17.14米，巍峨壮观。

清明上河园

清明上河园是为了再现北宋东京风情而建立的一个仿宋建筑群，位于开封市城内西北隅，占地约 40 万平方米，依照宋代建筑风格而建。

景点贴士 清明上河园是以北宋画家张择端的《清明上河图》为蓝本建造的园林，再现了北宋时期的繁华景象。这幅画现藏于北京故宫博物院，生动记录了当时社会各阶层人民的生活状况。

嵩山少林景区

嵩山位于河南省登封市，是中国的五岳之一。它有 72 座山峰和 72 个寺庙。嵩山少林景区包括少林寺常住院、塔林、初祖庵、二祖庵、达摩洞、十方禅院、武术馆以及三皇寨等主要旅游景点。

出行提示 游览嵩山少林，建议从景区牌坊开始，可步行或乘坐摆渡车至少林寺，感受佛教文化。

老君山

老君山位于河南省洛阳市栾川县，是道教主流全真派圣地，也是秦岭余脉八百里伏牛山的主峰，海拔 2200 余米。传说中的道教祖师太上老君曾在这里修炼，所以被称为老君山。

美食特产 来老君山旅游必尝栾川口感细腻的热豆腐和鲜美可口的山野菌菇。特产方面，老君山道家香茗清香怡人，值得推荐。

云台山风景区

云台山位于河南省焦作市修武县境内，整个景区有 11 个景点。云台山是联合国教科文组织评选的全球首批世界地质公园之一，非常值得前去旅游观光。

游学贴士 云台山展现了从中元古代（约 14 亿年）至新元古代（约 8 亿年）沉积地层，以及典型的构造遗迹。

九华山风景区

九华山位于安徽省池州市，由11大景区组成，这里有美丽的山峰、清澈的溪流和令人惊叹的自然奇观。九华山是中国佛教四大名山之一，在这里你可以欣赏到云海、日出、雾凇、佛光等自然奇观，犹如一幅美丽的山水画卷。

美食特产 九华山特产丰富，来此必尝九华山素斋、地藏黄精糕；还有清香回甘的九华佛茶。

黄山风景区

黄山位于安徽省南部，是中国的名山之一。黄山有着丰富的自然景观，包括奇石、高耸的山峰，以及大大小小的湖泊、瀑布和小溪。黄山上的松树非常有名，它们的针叶又短又粗，与其他地方的松树不同。如果你去安徽，一定要到黄山看看。

游学贴士 黄山风景区属于亚热带季风气候，气候垂直变化明显，地形复杂，俗称七十二峰，形成“前山雄伟，后山秀丽”的地貌特征。

“东方明珠”广播电视塔

上海“东方明珠”广播电视塔是上海著名的旅游景点之一，它曾是亚洲最高的电视塔。

出行提示 建议参观上海“东方明珠”广播电视塔时提前在线预订门票，避开高峰时段，并选择地铁2号线在陆家嘴站下车前往。勿忘携带身份证，保持安全距离，上下电梯时不要推搡。

南京路步行街

上海南京路步行街是上海最热闹、最繁华的商业大街，被誉为“中华商业第一街”。

出行提示 游览上海南京路步行街，建议下午开始，从人民广场站（地铁1、2、8号线）出发，步行至步行街，沿途可逛永安百货、先施大楼等历史建筑。

外滩

外滩是上海的一个标志性景点，位于上海市黄浦区的黄浦江畔，是中国历史文化街区。它南起延安东路，北至苏州河上的外白渡桥，东面是黄浦江，西面是旧上海金融、外贸机构的集中地。

游学贴士 上海外滩曾是租界区，汇聚了多国建筑风格，见证了上海从渔村到国际大都市的巨变。

✿ 外滩1号

乌衣巷

小朋友们对唐诗《乌衣巷》都非常熟悉吧！诗中描写的乌衣巷位于南京市秦淮区秦淮河南岸的文德桥旁，它是中国历史最悠久、最著名的古巷之一。

景点贴士　乌衣巷因东晋时期王谢两大家族居住于此而得名，子弟多穿乌衣，彰显尊贵，因此得名“乌衣巷”。

夫子庙秦淮风光带

夫子庙秦淮风光带位于南京市秦淮区。这里是由众多秦淮名胜形成的特色景观区。这条街是中国最大的传统古街市，也是中国四大闹市之一。

景点贴士　南京夫子庙因供奉和祭祀孔子而得名。始建于宋代，历经沧桑，是文化与教育的象征。

景点贴士 南京长江大桥由梅旸春主持修建，是一座我国自行设计、自行施工的特大型铁路、公路两用桥梁。

南京长江大桥

南京长江大桥是长江上第一座由中国自行设计和建造的双层式铁路、公路两用桥，位于江苏省南京市鼓楼区下关和浦口区桥北之间。下层为双轨复线铁路桥，连接津浦铁路与沪宁铁路干线，是国家南北交通要津和命脉。

苏州园林

拙政园是苏州园林最大的一处园林，也是园林艺术的代表。园中建筑群布局紧凑，景点丰富，属于山水园林类型，以水为主题，布局精致。

出行提示 苏州园林最佳游览时间为春秋季节，建议提前在线购买门票，避开节假日高峰。

中山陵

南京中山陵是我国伟大的革命先行者孙中山先生的陵墓，坐落在紫金山第二峰小茅山的南麓，北依青山，南临平川。中山陵于1926年开始建造，1929年落成。

出行提示 参观中山陵时应穿着得体，保持肃静，遵守园区规定。建议提前在线预约，避开人流高峰。中山陵台阶较多，行走时要小心谨慎。

西湖

西湖是杭州市的一座淡水湖泊，面积6.5平方千米。围绕着湖泊的有苏堤和白堤等景点，全湖周长约15千米。西湖景色优美，自古以来就是著名的旅游胜地。

美食特产 来杭州西湖旅游，可品尝的当地特色美食有西湖醋鱼、东坡肉、龙井虾仁等。

乌镇

乌镇位于浙江省桐乡市北部，是中国历史文化名镇和魅力名镇之一。乌镇有着悠久的历史，在乌镇有许多水道和小桥，所以被称为“水乡古镇”。

出行提示 如计划游览乌镇，建议春秋季节前往，此时气候宜人。景区分为东栅景区和西栅景区。可先游览东栅感受古镇韵味，再至西栅欣赏夜景。

普陀山

普陀山位于浙江省杭州湾口南缘，是一座美丽的海上山岛。这里是我国佛教四大名山之一，也是观音菩萨的道场。普陀山上有一个高 33 米的南海观音大佛，非常壮观。

美食特产 来普陀山旅游，可品尝的当地特色美食有素斋、梭子蟹、带鱼、大黄鱼等。特产有普陀佛茶、普陀水仙花、观音饼等。

客家土楼

客家土楼是中国古建筑的一朵奇葩。它以历史悠久、风格独特、规模宏大、结构精巧等特点独立于世界民居建筑艺术之林。

景点贴士 客家是指历史上从黄河流域逐渐迁徙到南方的汉人，现在主要分布在广东、福建、江西、广西、湖南、台湾等省区。

武夷山

武夷山是位于福建省武夷山市的一个风景名胜区，面积约 70 平方千米。它是一个典型的丹霞地貌，有许多美景，如奇峰、秀水、幽谷、险壑等。

游学贴士 武夷山位于福建西北部，与江西交界，地势北高南低。这里属于亚热带季风气候，四季分明。

黄鹤楼

黄鹤楼位于湖北省武汉市，楼高50.4米，共5层，是中国四大名楼之一。黄鹤楼有着悠久的历史，相传始建于三国时期，被誉为“天下绝景”。

出行提示 黄鹤楼历经多次重建，现存建筑为1985年异址重建。历史上黄鹤楼至少重建十次，是武汉标志性建筑。

武当山

武当山位于湖北省十堰市丹江口市境内，是中国著名的道教名山之一。这里有很多建筑宏大的古建筑，工艺精湛。漫步在茂密的森林中，清新的空气中弥漫着花草的香味，古老的松柏显露着岁月的沧桑，仿佛在轻声诉说着千年的故事。

特产介绍 武当山特产丰富，美食独特。来此必尝冻豆腐、郧阳三合汤、武当道茶等。

三峡大坝

三峡大坝位于宜昌市夷陵区三斗坪镇，由挡水泄洪主坝体、发电建筑物、通航建筑物等建筑组成。游客可以登上坛子岭观景点，俯瞰整个三峡工程，感受毛主席诗句中“更立西江石壁，截断巫山云雨，高峡出平湖”的豪迈情怀。

游学贴士 三峡大坝年发电量超千亿千瓦时，是防洪、发电、航运等综合利用的巨型水利工程。

神农架生态旅游区

神农架生态旅游区位于湖北省西部，是一个方圆 3250 平方千米的山区。这里山峦起伏，不仅有许多珍稀植物和动物，还有石林、飞瀑和奇洞等自然景观，景色非常美丽。

出行提示 神农架四季皆美，最佳游览期为 5–10 月。可参观神农顶、大九湖等，附近武当山等景点也值得一游。

岳阳楼

岳阳楼被誉为“洞庭天下水，岳阳天下楼”，与黄鹤楼、滕王阁并称为“江南三大名楼”。历代诗人如李白、杜甫、范仲淹等都曾经在这里留下著名的诗篇。

游学贴士 岳阳楼最早由东吴名臣鲁肃主持修建，当时是一座阅军楼，后历经多次修缮。登楼远眺洞庭湖，心情豁然开朗。

橘子洲旅游区

橘子洲位于湘江之上，有着悠久的历史和文化。橘子洲旅游区有洲头颂橘亭、汉白玉诗词碑、铜像广场、藤架广场等景点，也可以看到毛主席畅游湘江纪念点和揽岳亭。

出行提示 橘子洲旅游区的最佳参观时间为春秋两季，此时气候宜人。游览后可顺道参观附近岳麓山、湖南省博物馆等景点，感受长沙文化魅力。

凤凰古城

凤凰古城是一座拥有浓厚民族风情的文化名城，它地处怀化、吉首和贵州铜仁三地之间。在古巷中漫步，你可以感受到历史的气息。

景点贴士 凤凰古城因沈从文的《边城》而名扬四海，吊脚楼、沱江水映衬着古朴风情。漫步石板街，可体验苗族文化，尝地道小吃，感受湘西韵味。

张家界国家森林公园

张家界国家森林公园以其特殊的石峰地貌而闻名。公园内的石峰千姿百态，有的像巨人的宝塔，有的像仙女的发丝，有的像倒挂的剑。其中最著名的就是被称为“南天一柱”的天子山石柱，是公园的代表性景观之一。

特产介绍 来张家界必尝鲜辣可口的三下锅；特产有清香回甘的张家界莓茶和风味独特的土家腊肉。

岳麓山

岳麓山位于湖南省长沙市岳麓区湘江西岸，是衡山的主要山峰之一，也是长沙市的标志性景点之一。它以壮丽的自然景观、悠久的历史文化和丰富的人文景观而闻名于世。岳麓山地势起伏，山峰叠翠。

游学贴士 岳麓山气候四季分明，温暖湿润；山势连绵，林木葱郁，文化底蕴深厚。游览时要注意防晒防雨，建议穿舒适的鞋子，沿石阶而上，感受自然与人文之美。

滕王阁

滕王阁屹立在江西省南昌市赣江江畔，是江南三大名楼之一。它始建于唐朝，历经多次毁损和修缮，现在的滕王阁是 1985 年重建的。阁楼高耸入云，气势宏伟，据说上到楼顶可以俯瞰整个南昌市。

景点贴士 王勃写《滕王阁序》时创作了很多精典名句，比如：“落霞与孤鹜齐飞，秋水共长天一色。”“穷且益坚，不坠青云之志。”

三清山

三清山位于江西省上饶市，有“天下无双福地，江南第一仙峰”的美誉。这里有众多的自然景观，如奇石、花岗岩峰林等。

出行提示 游览三清山时，建议穿防滑的登山鞋或运动鞋，轻装上阵，以节省体力。山上紫外线较强，请注意防晒。在分岔路口务必跟紧导游，不要擅自行动。

瑞金共和国摇篮景区

这里是全国爱国主义教育基地之一。瑞金是中国革命的重要发源地之一，很多先烈从这里踏上了革命之路。

出行提示 游览时请尊重历史遗迹，勿随意触摸文物；建议提前了解景区故事，更好地感受红色文化魅力。

庐山

庐山位于江西省南部，这里分布着众多的壑谷、岩洞、瀑布、溪涧等自然景观。历史上，庐山吸引了众多著名的文人墨客在此留下足迹。

特产介绍 庐山特产丰富，来此旅游必尝庐山清香怡人的云雾茶以及石鸡、石鱼等特色美食。当地的特产有庐山竹笋、野生猕猴桃等。

武功山

武功山位于江西省中西部，是一个以自然景观为主要特色的风景区，武功山群峰竞秀，形态各异，有很多奇峰怪石、瀑布和溪流。

游学贴士 武功山属罗霄山脉北段，横跨湘赣两省。这里气候温和湿润，四季分明，以高山草甸和云海著称，是登山徒步和观赏日出云海的好去处。

北海银滩

北海银滩是一处著名的旅游景点，银滩上有着洁白、细腻的沙子。它还因为“滩长平、沙细白、水温净、浪柔软、无鲨鱼”的特点而被誉为“天下第一滩”。

美食特产 北海银滩特产丰富，来此旅游必尝海鲜大餐，如鲜美生蚝、肥美对虾。特产可选光彩夺目的珍珠饰品和咸香可口海鸭蛋。

漓江

人们常说“桂林山水甲天下”，而桂林最美的山水就在漓江。漓江是广西壮族自治区最美的自然景点之一，以其秀美的岩溶山水而闻名于世。乘舟泛游漓江，可以欣赏到奇峰倒影、碧水青山、牧童悠歌、渔翁闲钓、田园风光等迷人的自然景观。

游学贴士 漓江流域属喀斯特地貌，峰丛林立，山水如画。游学期间，可乘竹筏漂流，赏溶洞奇观，领略“桂林山水甲天下”的独特魅力。

涠洲岛

涠洲岛位于北海市东南，面积大约 25 平方千米。岛上四季如春，气候温暖湿润，空气中含有丰富的负氧离子，非常适合旅游观光。

出行提示 游览涠洲岛时建议选择天气晴朗的时间出行，以欣赏最佳风景。石螺口海滩是观赏日出、日落的最佳地点。游览时要注意安全，保护环境，不乱扔垃圾。

丽江古城

丽江古城位于云南省丽江市，是一个保存完好的少数民族古城。古城建于宋元，盛于明清，有着悠久的历史和灿烂的文化。城中居民的房子都是用瓦片和木头建造的，非常有特色。

美食特产 丽江古城美食特产丰富，必尝美食有丽江腊排骨、过桥米线、鲜花饼；特产推荐鲜花饼、小粒咖啡、牦牛肉干巴等。

大理古城

大理古城位于云南省西部，始建于明洪武年间，既是全国首批历史文化名城，也是国家级风景名胜区和旅游度假区。在古城内，你不仅可以看到许多古老的建筑和文物，也可以欣赏到美丽的自然景观，还能感受到这座城市深厚的历史底蕴。

景点贴士 大理古城曾是南诏国和大理国的都城，承载着丰富的历史文化。

洱海

洱海位于云南省大理市北部，是中国的第二大淡水湖。它因形状似人的耳朵而得名“洱海”。洱海的湖水面积为249平方千米，蓄水量为25.31亿立方米。洱海的美丽不仅在于它的湖泊和生态资源，还在于它周围的自然景观和人文景观。

美食特产 洱海当地特色美食有乳扇、白族饵块、豌豆凉粉、喜洲粑粑、凉鸡米线等；可以购买的特产有洱源梅子、鹤庆乾酒、白族扎染等。

玉龙雪山

玉龙雪山位于中国云南省丽江市玉龙纳西族自治县。这雄伟的山脉南北延绵，最高峰扇子陡海拔高达5596米，峰峦起伏间展现出壮丽的景色。

出行提示 游览玉龙雪山时建议提前做好行程规划，注意防寒保暖，因景区海拔较高，气温较市区低5~6℃。如遇大风或极端天气，索道可能临时停运，建议关注官方消息。

黄果树大瀑布

黄果树大瀑布位于贵州省安顺市镇宁布依族苗族自治县，是世界上最大的瀑布群之一。黄果树大瀑布以其壮丽的景色和独特的地理位置吸引了无数的游客前来欣赏。

景点贴士 黄果树大瀑布隐藏着一个神奇的水帘洞，位于瀑布半腰，游客可从洞内向外观赏瀑布，体验如《西游记》中孙悟空般的视角。

梵净山

梵净山位于贵州省铜仁市的江口、印江、松桃三县交界处，是武陵山脉的主峰，最高峰凤凰山海拔 2572 米。这里有约 4.2 平方千米的原始森林，为多种植物系地理成分汇集地，植物种类丰富。

游学贴士 梵净山山顶的寺庙始建于明朝隆庆年间至万历中叶，建筑材料全靠人工背上山。在悬崖峭壁上开山凿路，展现了古人的建筑智慧和毅力。

峨眉山风景区

峨眉山是我国佛教四大名山之一，位于四川中南部。它有秀丽的自然风光和神话般的佛教胜迹，因此被誉为“峨眉天下秀”。

出行提示 峨眉山从山脚到山顶海拔落差大，气候垂直变化明显，有“一山有四季，十里不同天”之称。山顶与山脚平均温差约 14℃，建议根据海拔变化准备相应衣物。

三星堆博物馆

三星堆博物馆位于历史文化名城四川省广汉市，它是一座大型现代化的专题性遗址博物馆。在这里，你可以看到三星堆文化遗址，以及大量出土于三星堆时期的文物。

游学贴士 三星堆文化之所以神秘，是因为其独特的文物风格与中原地区明显不同，如青铜人像、动物等，而且至今未发现相关文字记载，增添了其神秘色彩。

乐山大佛

乐山大佛又名凌云大佛，坐落在四川省乐山市，位于岷江、青衣江、大渡河三江汇流处。乐山大佛高 71 米，是中国最大的一尊摩崖石刻造像。它始建造于公元 713 年，大佛整体开山而建，而发髻等部分结构则为后期添加，历时 90 年才凿刻完成。

游学贴士 乐山大佛内部设计了隐蔽的排水系统。这些洞穴构成了科学的排水、隔湿和通风系统。

都江堰

都江堰是一座建于战国时期的宏大水利工程，也是全世界年代最悠久、以无坝引水为特色的水利工程。这座工程历经两千多年风雨，至今仍在发挥着重要作用，它使川西平原成了“天府之国”，被誉为“世界水利文化的鼻祖”。

美食特产 都江堰美食特产丰富，如味美鲜香的肥肠粉、三大炮。特产推荐都江堰茶、青城山老腊肉等。

九寨沟

九寨沟素有“童话世界”“人间仙境”之称，它位于四川省九寨沟县，与甘肃省接壤。它保存着原始风貌的自然景色，被联合国教科文组织列为世界人类文化自然遗产。

出行提示 建议旺季4月至11月前往九寨沟，此时景色最为迷人。

稻城亚丁景区

稻城亚丁景区位于四川省甘孜藏族自治州稻城县，是一处以高山峡谷、雪山冰川、森林湖泊、草甸花海为主的自然风光区。亚丁三神山和三大圣湖是景区内的著名景点。这里因草甸、翠林、雪山和冰川而闻名，是摄影和徒步旅行者的天堂。

出行提示 稻城亚丁位于高原地区，具有青藏高原性气候和大陆性气候特征，这里冬长夏短，昼夜温差大，全年平均气温在 4.1℃，极端低温可达 −27.6℃，来这里旅游要注意穿衣保暖。

解放碑步行街

解放碑步行街位于重庆市渝中区，是重庆最繁华的商业中心地带，是重庆购物、品尝美食的好去处。

景点贴士 解放碑是中国人民抗日战争胜利的象征，原名“抗战胜利纪功碑”，是中国唯一纪念抗日战争胜利的纪念碑。

洪崖洞

洪崖洞原名洪崖门，是古重庆城门之一，也是重庆标志性的景点之一。一到夜晚，洪崖洞的灯光照亮了整个城市，显得更加生动。

美食特产 在洪崖洞聚集了丰富的重庆美食特产，如酸辣粉、小面、豆花饭、重庆火锅等。特产推荐手撕素肉、辣条、豆腐干等。

李子坝单轨穿楼

重庆轨道交通2号线李子坝车站位于嘉陵江畔的李子坝正街39号商住楼，因“轨道穿楼而过”成为蜚声中外的“打卡车站”。

景点贴士 李子坝单轨穿楼设计源于“迫不得已”，为解决轨道交通2号线与居民楼共存问题，设计团队将轨道车站与商住楼合二为一，创造了独特的“穿楼”景观。

重庆长江索道

重庆长江索道是一条中国自行设计制造的大型跨江客运索道，全长1166米，最大载客量66人，单程运行时长约4分30秒。它连通重庆的渝中区和南岸区，被誉为“万里长江第一条空中走廊”。

出行提示 乘坐重庆长江索道时，要依次上下，拉好扶手或吊环。有心脏病、高血压、恐高症等不宜乘坐。乘坐索道时严禁携带易燃、易爆、易腐蚀物品，更不能把头和手伸出窗外，也不要扔垃圾。

张掖七彩丹霞旅游景区

张掖七彩丹霞旅游景区位于甘肃省张掖市，这里地貌多样，呈现出绚丽多彩的色彩，非常壮观。彩色的山丘和奇特的地形构成了这个景区独特的面貌，每一处景色都让人叹为观止。

出行提示 张掖七彩丹霞的最佳观赏时节为夏、秋。建议上午或傍晚前往，色彩最为绚丽。此外，附近还有张掖大佛寺、马蹄寺等景点可一并游览。

莫高窟

莫高窟是独具中国特色的文化遗产和艺术瑰宝。古老而神奇的莫高窟文化源远流长，数千年来，它经过不断兴建、发展，如今已成为拥有众多洞窟的庞大石窟群。

游学贴士 甘肃敦煌属温带大陆性气候，干燥少雨。地处鸣沙山东麓，地势西高东低。这里夏季炎热干燥，冬季寒冷干燥，昼夜温差大。

镇北堡西部影城

镇北堡西部影城位于宁夏回族自治区银川市西夏区镇北堡镇，是一个以西部风格为主题的旅游景点。这里是很多著名电影的取景地，有着浓厚的电影文化氛围。

出行提示 镇北堡西部影视城四季皆宜参观，但建议旺季（4—10月）前往。提前规划行程，体验影视魅力，探索宁夏历史文化。

沙湖生态旅游区

宁夏沙湖生态旅游区，位于银川市以北 42 千米，总面积约 80 平方千米。

美食特产 来沙湖旅游可品尝的当地特色美食有“沙湖大鱼头”，其肉质细腻、鲜嫩。

茶卡盐湖

茶卡盐湖是一个有着三千多年历史的盐场，湖水里含有丰富的盐分，湖面一片洁白，像一面镜子一样。当我们走到湖边时，可以看到湖水中倒映着蓝天、白云和对岸的山峦，景色非常美丽。

景点贴士 这里每年农历五月十五会举行祭湖仪式，场面盛大。此外，茶卡盐湖的盐雕艺术群也是一大看点，被认定为世界最大的户外盐雕艺术群。

青海湖

青海湖位于青藏高原的东北部，是中国最大的内陆咸水湖，湖面呈椭圆形状，景色壮观。青海湖周边环境优美，生态丰富，吸引了众多水鸟在此栖息、繁衍。

出行提示 游青海湖时要注意高原反应，携带保暖衣物。湖区风大，注意安全，勿靠近深水区。尊重当地民俗，保护环境。

塔尔寺

塔尔寺位于青海湟中区鲁沙尔镇东北，这里是藏传佛教格鲁派（黄教）的六大寺之一。

出行提示 参观塔尔寺时请尊重当地宗教习俗，不穿短裙短裤，不吸烟饮酒。禁止触摸佛像及法器，不逆向转经轮，拍照前要征得同意。

哈纳斯湖

哈纳斯湖亦称“喀纳斯湖”，位于新疆维吾尔自治区的阿勒泰地区，是中国最美的地方之一，也被誉为“人间最后的净土”。湖面海拔 1374 米，面积 37.7 平方千米，湖深约 188.5 米，蓄水量达约 53.8 亿立方米。喀纳斯湖是中国最深的高山湖泊。

景点贴士 据说湖中生活着一种被称为“喀纳斯水怪”的神秘水生生物，但至今未有确凿证据。

天山天池风景名胜区

天山天池风景名胜区被誉为“天山明珠”，由 8 大景区、15 个景群和 38 个景点组成，其中最为著名的是海拔 1980 米的天山天池。

出行提示 游天山天池要注意保暖防晒，山区天气多变。步行道湿滑，注意安全慢行。保护环境，勿乱扔垃圾。

纳木错

纳木错位于西藏自治区中部，藏语意为“天湖”，是西藏第二大湖、中国第二大咸水湖。湖水清澈透明，被雪山环绕，景色壮丽。

出行提示 注意，纳木错海拔较高，建议带上便携式供氧设备以防高原反应。除了纳木错，还可参观念青唐古拉山主峰、湖泊鸟岛、岩画石刻等附近的景点。

布达拉宫

布达拉宫坐落在拉萨市中心，依红山而建，规模宏大，是一座集宫殿、城堡和寺院于一体的综合性建筑。布达拉宫自公元 7 世纪起就成为达赖喇嘛的冬宫，是西藏佛教的重要圣地和历代行政统治的中心。布达拉宫是世界上海拔最高的宏伟建筑。

景点贴士 布达拉宫始建于公元 7 世纪，是吐蕃王朝赞普松赞干布为迎娶文成公主而兴建的。

世界之窗

深圳世界之窗是一个大型文化旅游景区，位于深圳湾畔的华侨城，占地面积 48 万平方米。它被分八大区域，共有 130 多处微缩景观和十余项娱乐参与项目。

出行提示 深圳世界之窗占地面积较大，来这里游玩要留意园区导览图，合理规划路线。同时要遵守园区规定，文明游览。

长隆旅游度假区

广州长隆旅游度假区是一个综合性主题旅游度假区，总面积达到了 666.67 公顷。这里包括长隆欢乐世界、长隆国际大马戏、长隆野生动物世界、长隆水上乐园、长隆飞鸟乐园等。

出行提示 上午游览长隆野生动物世界，亲近自然；下午畅玩长隆欢乐世界，体验刺激游乐设施；晚上观看长隆国际大马戏，享受视听盛宴。

广州塔

广州塔位于广东省广州市，因其独特的造型，又有“小蛮腰”之称。它高600米，目前是中国第一、世界第三的高塔。广州塔是一个非常出名的景点，也是羊城新八景之一。

景点帖士 建议游客在春秋季节来广州旅游，可先游览长隆度假区，体验刺激游乐设施和观赏珍稀动物。

分界洲岛

分界洲岛位于海南岛南北气候分界处，岛的四周被蓝色的大海所环抱，岛上常年灌木丛生，林荫翳地，鸟语花香。

游学贴士 分界洲岛是热带与亚热带气候分界线，地势北低南高。气候变化明显，是探索自然地理与人文分界的绝佳游学之地，可体验“牛头下雨牛尾晴”的独特景观。

蜈支洲岛

蜈支洲岛是一个美丽的小岛，你可以在岛上玩很多有趣的水上和沙滩游戏，如潜水、滑水、帆船等。

特产介绍 来海南蜈支洲岛旅游，可以品尝当地特色美食，如海南鸡饭、椰子饭、文昌鸡、清补凉等。此外，还可以购买热带水果如椰子、波罗蜜、杧果等。

维多利亚港

维多利亚港是位于中国香港的香港岛和九龙半岛之间的美丽海港。它是世界上三个天然良港之一，水面宽阔，景色非常迷人。

游学贴士 维多利亚港是中国香港标志性景点，港阔水深，是天然良港，它不仅主导着香港的经济发展，还促进旅游业的繁荣。夜景迷人，被誉为“世界三大夜景”之一，是游客必游之地。

大三巴牌坊

大三巴牌坊是中国澳门最有名的景点，它把欧洲文艺复兴时期的艺术特色和东方建筑的风格融合在一起，看起来非常漂亮。牌坊呈金字塔状，上面有高耸的十字架和漂亮的雕像，尤其是圣婴和圣母的雕像栩栩如生。大三巴牌坊是澳门八景之一，如果你去澳门，一定要看看这座美丽的大三巴牌坊！

游学贴士 大三巴牌坊原为圣保禄教堂前壁，始建于1602年，1835年火灾后仅存此墙，因形似中国传统牌坊而得名。大三巴牌坊融合东西方艺术风格，现为澳门标志性建筑，见证历史沧桑。

出行提示 游览日月潭，建议春秋季节前往，此时气候宜人。注意节假日可能有交通管制，最好提前规划行程。游览时应尊重当地文化，保护环境，勿乱丢垃圾。

日月潭

日月潭位于中国台湾省阿里山以北、能高山之南的南投县鱼池乡水社村，因形状独特，北半部形如太阳，南半部形如月亮而得名。